CW00515041

INFUSI DI VINO: ABBINAMENTO AL CIBO CON IL VINO

50 RICETTE FACILI E VELOCI

HENRI DE BRUYNE

Tutti i diritti riservati.

Disclaimer

Le informazioni contenute in i intendono servire come una raccolta completa di strategie sulle quali l'autore di questo eBook ha svolto delle ricerche. Riassunti, strategie, suggerimenti e trucchi sono solo raccomandazioni dell'autore e la lettura di questo eBook non garantirà che i propri risultati rispecchino esattamente i risultati dell'autore. L'autore dell'eBook ha compiuto ogni ragionevole sforzo per fornire informazioni aggiornate e accurate ai lettori dell'eBook. L'autore e i suoi associati non saranno ritenuti responsabili per eventuali errori o omissioni involontarie che possono essere trovati. Il materiale nell'eBook può includere informazioni di terzi. I materiali di terze parti comprendono le opinioni espresse dai rispettivi proprietari. In quanto tale, l'autore dell'eBook non si assume alcuna responsabilità per materiale o opinioni di terzi.

L'eBook è copyright © 2021 con tutti i diritti riservati. È illegale ridistribuire, copiare o creare lavori derivati da questo eBook in tutto o in parte. Nessuna parte di questo rapporto può essere riprodotta o ritrasmessa in qualsiasi forma riprodotta o ritrasmessa in qualsiasi forma senza l'autorizzazione scritta espressa e firmata dell'autore.

INTRODUZIONE

Infondere il vino può essere un piacere e un esaltazione del buon cibo, del bere e del buon pasto! Quando il vino viene riscaldato, il contenuto alcolico così come i solfiti scompaiono, lasciando solo l'essenza a conferire un sapore sottile.

La prima e più importante regola: usa solo vini nella tua cucina o bevande che berresti. Non usare mai vino che NON BERERESTI! Se non ti piace il sapore di un vino, non ti piacerà il piatto e la bevanda in cui scegli di usarlo.

Non usate i cosiddetti "vini da cucina!" Questi vini sono tipicamente salati e includono altri additivi che influiscono sul gusto del piatto e del menu scelti. Il processo di cottura / riduzione farà emergere il peggio in un vino inferiore.

Il vino ha tre usi principali in cucina: come ingrediente per la marinata, come liquido di cottura e come aromatizzante in un piatto finito.

La funzione del vino in cucina è intensificare, esaltare e accentuare il sapore e l'aroma del cibo, non per mascherare il sapore di ciò che si sta cucinando, ma piuttosto per fortificarlo.

Per ottenere i migliori risultati, il vino non deve essere aggiunto a un piatto appena prima di servire. Il vino dovrebbe cuocere a fuoco lento con il cibo, o la salsa, per esaltarne il sapore. Dovrebbe cuocere a fuoco lento con il cibo o nella salsa durante la cottura; man mano che il vino cuoce, si riduce e diventa un estratto che aromatizza.

Ricorda che il vino non appartiene a tutti i piatti. Più di una salsa a base di vino in un unico pasto può essere monotona. Usare il vino sta cuocendo solo quando ha qualcosa da contribuire al piatto finito.

VINI INFUSO

1. Vino Bianco Infuso Di Sangria

ingredienti

- 1/2 lime
- 1/2 limone
- 1 pesca
- 1/2 mela verde
- 1,5 tazze di vino

Indicazioni:

a) Assicurati che il vino sia almeno a temperatura ambiente o leggermente più caldo.

b) Strofina leggermente la parte esterna del lime e del limone, quindi rimuovi la scorza con un pelapatate o uno zester. Assicurati che anche poco o nessun midollo si sia rimosso, usando un coltello da cucina per rimuoverlo. Strofina leggermente la parte esterna della mela, quindi tolta il torsolo e tagliala a cubetti grossolanamente. Strofina leggermente la parte esterna della pesca, quindi elimina il nocciolo e taglia la polpa grossolanamente.

c) Mettere tutti gli ingredienti nel sifone da montare con il vino. Sigilla il sifone da montare, caricalo e agita per 20-30 secondi. Lascia riposare il sifone per un minuto e mezzo in più. Metti un asciugamano sopra il sifone e sfiatalo. Aprire il sifone e attendere che smetta di gorgogliare.

d) Filtrare il vino se lo si desidera e lasciare riposare per almeno 5 minuti prima dell'uso.

2. Arance e fichi al vino rosso speziato

Ingrediente

- 2 tazze di vino rosso

- 1 tazza di zucchero

- 1 Pezzo Bastoncino di cannella

- 4 Anice stellato; legati insieme con

- 4 Baccelli di cardamomo; legati insieme con

- 2 Chiodi di garofano interi

- 6 grandi Arance Navel; pelato

- 12 Fichi secchi; dimezzato

- ⅓ tazza di noci o pistacchi; tritato

a) Unisci il vino, lo zucchero e il bouquet garni in una casseruola abbastanza grande da contenere arance e fichi in un unico strato. Portare a ebollizione, coperto, a fuoco moderato.

b) Aggiungere i fichi e cuocere a fuoco lento per 5 minuti. Aggiungere le arance e girarle per 3-4 minuti, rigirandole in modo che cuociano in modo uniforme.

c) Spegnete il fuoco e lasciate raffreddare le arance ei fichi nello sciroppo. Metti la frutta in una ciotola da portata. Ridurre della metà lo sciroppo e lasciare raffreddare. Scartare la guarnizione del bouquet e versare lo sciroppo su fichi e arance.

3. Vino infuso di caffè all'anice stellato

ingredienti

Per il vino rosso al caffè

- 5 cucchiai di chicchi di caffè tostati
- 1 bottiglia da 750 ml di vino rosso italiano secco
- 1 tazza d'acqua
- 1 tazza di zucchero turbinado
- 12 anice stellato

Per il cocktail

- 3 once di vino rosso infuso al caffè
- 1 oncia di Vermouth di Torino Cocchi, refrigerato
- 2 cucchiaini di sciroppo di anice stellato
- 2 spruzzi di bitter aztechi Fee Brothers
- Ghiaccio (opzionale)
- Decorazione: stecca di cannella o ricciolo di limone

Indicazioni

a) Per il vino rosso al caffè: aggiungere i chicchi di caffè alla bottiglia di vino, chiudere con il tappo e lasciare in infusione a temperatura ambiente per 24 ore. Filtrare prima dell'uso.

b) Per lo sciroppo di anice stellato: portare a ebollizione l'acqua, lo zucchero e l'anice stellato, mescolando finché lo zucchero non si scioglie. Togliete dal fuoco e lasciate in infusione per 30 minuti. Filtrare e imbottigliare, conservare in frigorifero.

c) Per ogni bevanda: in un bicchiere da vino mescolare il vino infuso al caffè, il vermouth Cocchi, lo sciroppo di anice stellato e gli amari al cioccolato. Aggiungere ghiaccio se lo si desidera e guarnire.

4. **Rosa, fragola e vino d'uva**

INGREDIENTI

- 100 g di fragole, mondate e affettate
- 1 pompelmo rosso medio, tagliato a rondelle
- 1 rametto di rosa canina, facoltativo (se di stagione)
- 1 cucchiaino di acqua di rose
- 700ml di blush rosé

Indicazioni:

a) Mettere le fragole, il pompelmo a fette e l'acqua di rose in un barattolo o bottiglia di vetro da un litro sterilizzato e versare sopra il rosato. Sigilla bene il barattolo e conserva in frigorifero per una notte, scuotendo delicatamente il barattolo di tanto in tanto per aiutare a infondere i sapori.

b) Quando sei pronto per servire, filtra il rosé attraverso un colino a maglia fine rivestito di mussola o un panno J pulito in una grande brocca e getta la frutta.

c) Per servire, aggiungere acqua frizzante a una quantità di vino rosa, fragola e pompelmo rosso e guarnire con petali di rosa. Per uno spritz di Aperol alla rosa, mescolare 200 ml di rosé infuso con 25 ml di Aperol e guarnire con una fetta di pompelmo.

5. Pesche al vino di ghiaccio

INGREDIENTI

- 6 pesche fresche, mondate, snocciolate e tagliate a metà
- ½ tazza di zucchero (125 ml)
- 1 tazza di vino ghiacciato (250 ml)
- 1 tazza d'acqua (250 ml)

INDICAZIONI

a) In una casseruola unire 1 tazza di acqua, zucchero e vino ghiacciato e cuocere a fuoco lento e finché lo zucchero non si sarà sciolto. Cuocere lo sciroppo per altri 3 minuti, togliere dal fuoco e mettere da parte fino al momento del bisogno.

b) In una ciotola di vetro, posizionare le metà delle pesche e versarvi sopra lo sciroppo di vino ghiacciato e conservare in frigorifero per far mescolare i sapori.

c) Servire freddo in una ciotolina e guarnire con un filo di zucchero a velo.

6. Vino al limone e rosmarino

ingredienti

- 1 bottiglia di vino bianco io userei Sauvignon Blanc, Pinot Grigio, Pinot Grigio o Riesling
- 4 rametti di rosmarino fresco
- 3-4 pezzi lunghi di scorza di limone cercando di non ottenere il midollo bianco su di esso

Indicazioni:

a) Apri la tua bottiglia di vino o usa quella bottiglia che è stata nel tuo frigorifero per alcuni giorni.

b) Pulisci e asciuga le tue erbe (in questo caso il rosmarino).

c) Con un pelapatate togliete 4-5 pezzi lunghi di scorza di limone facendo attenzione a non ottenere troppo della pece bianca.

d) Aggiungere il rosmarino e la scorza di limone alla bottiglia di vino.

e) Aggiungi un tappo di sughero e mettilo in frigorifero per una notte o per diversi giorni.

f) Eliminare la buccia di limone e le erbe aromatiche.

g) Bevi il vino.

7. Vino di kiwi fatto in casa

Ingrediente

- 75 Kiwi maturo

- 2 libbre   Uva rossa, congelata

- 12 once   100% concentrato d'uva

- 10 sterline   zucchero

- 2 confezioni   Lievito

a) sbucciare il kiwi, schiacciarlo con l'uva scongelata, mettere lo zucchero nella damigiana, sciogliere completamente, aggiungere la frutta schiacciata, il concentrato d'uva, l'acqua (circa 4 galloni) e il lievito.

b) Fermenta come al solito. questo è solo il primo assaggio di travaso

8. Manghi nel vino (tahiti)

Ingrediente

- 12 Manghi maturi

- ⅔ litro   vino rosso

- 130 grammi   zucchero semolato

- 2 Baccelli di vaniglia fresca

a) Rimuovere la pelle dai manghi e tagliarli in due, eliminando i semi.

b) Disporre con la parte cava rivolta verso l'alto in una ciotola capiente e coprire con il vino.

c) Aggiungere lo zucchero e i baccelli di vaniglia. Infornare per 45 minuti, lasciare raffreddare e poi raffreddare bene prima di servire.

9. Vino di tarassaco

Ingrediente

- 4 quarti Fiori di tarassaco

- 4 quarti Acqua bollente

- 6 Arance

- 4 Limoni

- 2 Dolci di lievito

- 4 libbre zucchero

a) Scaldare i fiori nell'acqua bollente e lasciarli riposare per una notte. La mattina successiva filtrate, aggiungete la polpa e il succo di 6 arance, il succo di 4 limoni, il lievito e lo zucchero. Lasciate fermentare per 4 giorni, poi filtrate e imbottigliate. Servire in piccoli bicchieri a temperatura ambiente.

10. Vino di mele caldo

Ingrediente

- ½ tazza   uva passa

- 1 tazza   Rum chiaro

- 6 tazze   Vino di mele o sidro duro

- 2 tazze   succo d'arancia

- ⅓ tazza zucchero di canna

- 6 Chiodi di garofano interi

- 2 Bastoncini di cannella

- 1 Arancia, fetta

a) In una piccola ciotola, immergere l'uvetta nel rum per diverse ore o durante la notte.

b) In una grande casseruola, unire tutti gli ingredienti e scaldare, mescolando spesso, fino a quando lo zucchero si è sciolto. Cuocere a fuoco lento finché non è caldo. Non bollire. Servire in tazze o tazze da punch resistenti al calore. Per 9 tazze

11. Calda tazza di vino al mirtillo rosso davanti al camino

Ingrediente

- 4.00 tazza   Cocktail di succo di mirtillo rosso

- 2.00 tazza   acqua

- 1.00 tazza   zucchero

- 4,00 pollici in stecca di cannella

- 12.00 Chiodi di garofano, interi

- 1,00 Buccia di 1/2 limone, tagliata

- 1.00 Strisce

- 2,00 Quinto di vino secco

- $\frac{1}{4}$ di tazza di succo di limone

a) Unisci il succo di mirtillo rosso, l'acqua, lo zucchero, la cannella, i chiodi di garofano e la buccia di limone in una casseruola. Portare a ebollizione, mescolando fino a quando lo zucchero non si sarà sciolto.

b) Cuocere a fuoco lento, scoperto, 15 minuti, filtrare. Aggiungere il vino e il succo di limone, scaldare bene, ma NON BOLLITARE. Cospargere di noce moscata sopra ogni porzione, se lo si desidera.

12. Vino al pepe

Ingrediente

- 6 Pepe, rosso, piccante; fresco
- 1 pinta di rum, leggero

a) Mettere i peperoni interi in un barattolo di vetro e versarvi il rum (o lo sherry secco). Coprite bene con il coperchio e lasciate riposare 10 giorni prima dell'uso.

b) Usa poche gocce nelle zuppe o nella salsa. L'aceto al pepe è fatto allo stesso modo.

c) Se i peperoni freschi non sono disponibili, è possibile utilizzare peperoni interi essiccati a caldo.

13. Ananas al Porto

Ingrediente

- 1 media   Ananas, pulito (circa 2-1 / 2 libbre)

- La scorza di 1 arancia tagliata finemente

- La scorza di 1/2 pompelmo tagliata finemente

- 4 cucchiaiZucchero di canna chiaro, oa piacere

- $\frac{3}{4}$ tazza   Succo di ananas

- $\frac{1}{2}$ tazza   Porta

a)   Questo è un trattamento particolarmente buono
       per un ananas che risulta non essere dolce come

dovrebbe essere. Migliore è il porto, migliore è il dessert. Prepara questo dolce un giorno prima per il miglior sapore.

b)   Sbucciare, affettare e togliere il torsolo dall'ananas e tagliarlo a cubetti da 1 pollice o fette sottili. In padella cuocere le scorze, lo zucchero e il succo d'ananas. Cuocere fino a quando le scorze sono tenere, circa 5 minuti. Mentre il liquido è ancora caldo, aggiungi i pezzi di ananas e mescola nel porto.

c)   Mettete in frigorifero per almeno 8 ore o durante la notte. Lasciar raggiungere la temperatura ambiente prima di servire altrimenti i sapori andranno persi.

14. Vino al rabarbaro

Ingrediente

- 3 libbre rabarbaro

- 3 libbre zucchero bianco

- 1 cucchiaino   Nutriente di lievito

- 1 gallone Acqua calda (non deve essere bollente)

- 2 Compresse Campden (frantumate)

- Lievito di vino

a) Trita i gambi di rabarbaro e congelali in sacchetti di plastica per alcuni giorni prima di fare il vino. Non capisco davvero perché questo dovrebbe fare la differenza, ma lo fa. Se usi rabarbaro fresco il vino non esce mai così buono.

b) Devi avere pazienza. Il vino al rabarbaro può avere un sapore poco interessante a otto mesi e davvero buono a dieci mesi. Devi lasciarlo addolcire.

c) Usa il rabarbaro tagliato a pezzi. Mettilo nel fermentatore primario insieme allo zucchero. Coprite e lasciate riposare per 24 ore. Aggiungere l'acqua calda, mescolare il tutto e poi filtrare il rabarbaro.

d) Rimettere il liquido nel fermentatore primario e quando sarà tiepido aggiungere il resto degli ingredienti.

e) Coprite e lasciate fermentare per tre o quattro giorni. Quindi sifonare il liquido in brocche da galloni con serrature di fermentazione.

15. Gluehwein (vino speziato caldo)

Ingrediente

- $\frac{1}{4}$ di litro Vino bianco o rosso (1 tazza più 1 cucchiaio) 6 zollette di zucchero, oa piacere

- 1 ciascuno Spicchio intero

- 1 piccolo Pezzo di scorza di limone

- Un po 'di cannella in stecca

Unire tutti gli ingredienti e riscaldare, appena fino al punto di ebollizione. Versare in un bicchiere preriscaldato, avvolgere il bicchiere in un tovagliolo e servire immediatamente.

16. Vino al mirtillo rosso

Ingrediente

- 2 c. vino bianco secco, come il Sauvignon Blanc o lo Chardonnay
- 1 c. mirtilli rossi scongelati freschi o congelati

Indicazioni

a) Aggiungi vino e mirtilli rossi in un contenitore con un coperchio ben aderente.

b) Copri e agita un paio di volte. Lasciar riposare a temperatura ambiente per una notte. Filtrare prima dell'uso; scartare i mirtilli rossi.

17. Vino infuso di menta lampone

ingredienti

- 1 tazza di lamponi freschi
- 1 mazzetto di menta fresca
- 1 bottiglia di vino bianco secco o dolce, qualunque sia la vostra preferenza

Indicazioni:

a) Metti i lamponi e la menta in un barattolo delle dimensioni di un quarto. Usa un cucchiaio per schiacciare leggermente i lamponi.

b) Versa l'intera bottiglia di vino sui lamponi e sulla menta, quindi copri con un coperchio e mettila in un punto tranquillo della tua cucina.

c) Lasciate riposare l'infuso per 2-3 giorni, poi filtrate i lamponi e la menta con un colino a maglie fini e buon appetito!

18. Vino infuso d'amore

ingredienti

- 1 barattolo di vetro da 1 litro o da 1 litro
- 2 cucchiaini di cannella in polvere o 2 bastoncini di cannella

- 3 cucchiaini di radice di zenzero in polvere o radice di zenzero fresca sbucciata lunga circa 1 pollice
- opzione 1-1 pezzo di baccello di vaniglia da 1 pollice o 1 cucchiaino di estratto di vaniglia
- oppure opzione 2 - 2 baccelli di cardamomo + 2 anice stellato
- 3 bicchieri di vino rosso o una bottiglia da 750 ml

Indicazioni:

a) Aggiungi il vino rosso al barattolo

b) Aggiungi i componenti a base di erbe

c) Mescola per amalgamare gli ingredienti.

d) Metti il   coperchio sul barattolo. Mettere in una credenza fresca e buia per 3-5 giorni.

e) Filtrare bene (o 2x) in un altro barattolo o in una graziosa caraffa di vetro. È pronto!!!

19. Mele al vino rosso

Ingrediente

- 1 chilogrammo   Mele (2 1/4 lb) Hai BISOGNO di
  una mela che mantenga la sua forma durante la
  cottura !!

- 5 decilitriVino rosso (1 pinta)

- 1   Bastoncini di cannella

- 250 grammi   Zucchero (9 oz)

a)   Dieci ore prima, cuocere il vino, la cannella e lo
     zucchero a fuoco vivace per 10 minuti, usando una
     casseruola larga e poco profonda.

b)   Sbucciare le mele e, utilizzando una spatola per
     meloni di circa $2\frac{1}{2}$ cm di diametro, tagliarle a palline.

c)   Getta le polpette di mele nel vino caldo. Non devono
     sovrapporsi: ecco perché serve una padella ampia e
     poco profonda. Cuocili a fuoco lento per 5-7 minuti,
     coperti con un foglio di alluminio per tenerli immersi.

d)   Quando le mele sono cotte ma ancora sode, togli la
     padella dal fuoco. Lasciate macerare le polpette di
     mele nel vino rosso per circa 10 ore affinché
     assumano un bel colore rosso.

e)   Servizio: ben freddo, con una pallina di gelato alla
     vaniglia, o in una selezione di dessert freddi alla
     frutta.

20. Vino al pepe di Bajan

Ingrediente

- 18 "peperoni di vino" o quantità simile dei peperoncini rossi minuscoli

- Rum bianco delle Barbados

- Sherry

a) Togliere i piccioli dai peperoni e metterli in una bottiglia, quindi coprire con il rum e lasciar riposare per due settimane.

b) Filtrare e diluire alla "piccantezza" richiesta con lo sherry.

21. Vino da dessert all'arancia

Ingrediente

- 5 ciascuno   Arance, Louisiana Naval
- 2 ciascuno   Limoni
- 5 quarti   Vino, bianco secco
- 2 libbre   zucchero

- 4 tazze   Brandy

- 1 ciascunoBaccello di vaniglia

- 1 ciascunoPezzo (1/2) scorza d'arancia, asciutta

a) Grattugiare le bucce delle arance e dei limoni e mettere da parte. Tagliare la frutta in quarti e metterla in un demi-john o in un altro contenitore grande (coccio o bicchiere).

b) Bagnate con il vino, poi aggiungete le bucce grattugiate, lo zucchero, il brandy, la bacca di vaniglia e un pezzetto di scorza d'arancia essiccata.

c) Chiudere il barattolo e conservare in un luogo buio e fresco per 40 giorni. Filtrare attraverso un panno e una bottiglia. Servire freddo.

22. Arancia con sciroppo di vino rosso

Ingrediente

- 2 tazze di vino rosso dal gusto pieno

- ½ tazza di zucchero

- 1   Bastoncino di cannella da 3 pollici

- 2 medium Meloni o meloni a polpa arancione

a) In una casseruola media non reattiva, unire il vino, lo zucchero e la cannella. Portare a ebollizione a fuoco alto e cuocere fino a quando non si sarà ridotto della metà, circa 12 minuti.

b) Togli la cannella e lascia raffreddare lo sciroppo a temperatura ambiente

c) Tagliare a metà i meloni trasversalmente e scartare i semi. Taglia una fetta sottile dal fondo di ciascuna metà di melone in modo che si trovi in   posizione verticale e adagia ciascuna metà su un piatto.

d) Versare lo sciroppo di vino rosso nelle metà del melone e servire con cucchiai grandi.

23. Vino arancione (vin d'orange)

Ingrediente

- 3 Arance navali; dimezzato

- 1 tazza   zucchero

- 1 quarto di gallone britannico   vino bianco

- 2 mezzi   Arance navali

- 20 Chiodi di garofano interi

a) In una casseruola, a fuoco medio, spremere le metà dell'arancia nella casseruola, aggiungere le arance strizzate e lo zucchero. Portare a ebollizione, ridurre la fiamma al minimo e cuocere a fuoco lento per 5 minuti. Togliete dal fuoco e lasciate raffreddare completamente.

b) Filtrare in un barattolo da $1\frac{1}{2}$ litro, premendo le arance con il dorso di un cucchiaio per rilasciare tutto il succo. Incorporate il vino. Incollare i chiodi di garofano nelle arance intere. Tagliate a metà le arance e aggiungetele al barattolo.

c) Fissare saldamente il coperchio e lasciare riposare per almeno 24 ore e fino a 1 mese.

24. Vino allo zenzero

Ingrediente

- ¼ di libbra di zenzero
- 4 libbre di zucchero DC
- 1 gallone di acqua
- 2 cucchiaini   Lievito
- ½ libbre di frutta secca
- ½ oncia di mazza

a) Schiaccia lo zenzero e mettilo in un barattolo.
    Aggiungere tutti gli altri ingredienti e lasciar
    riposare per 21 giorni.

b) Filtrare e imbottigliare.

25. Vin brulè

Strumenti di cui hai bisogno.

- Spremiagrumi
- Apribottiglie per vino
- Coltello affilato
- Pentola grande
- Filtro
- Tazze

ingredienti

- 1 bottiglia di vino rosso

- 2 arance
- 3 bastoncini di cannella
- 5 anice stellato
- 10 chiodi di garofano interi
- 3/4 tazza di zucchero di canna

Indicazioni:

a) Metti tutti gli ingredienti tranne le arance in una pentola di medie dimensioni.

b) Usando un coltello affilato o un pelapatate, sbucciate metà di un'arancia. Evita di sbucciare quanto più midollo possibile (parte bianca), poiché ha un sapore amaro.

c) Spremere le arance e aggiungerle nella pentola insieme alla buccia d'arancia.

d) A fuoco medio, scalda la miscela fino a quando non diventa fumante. Riduci la fiamma a fuoco lento. Riscaldare per 30 minuti per lasciare in infusione le spezie.

e) Filtrare il vino e servire in coppe resistenti al calore.

26. Sistema per il raffreddamento del vino

Ingrediente

- 1.00   Servendo

- $\frac{3}{4}$ tazza   Limonata

- $\frac{1}{4}$ di tazza   Vino rosso secco

- Rametto di menta

- Ciliegia al maraschino

a)   Questo rende una bevanda colorata e rinfrescante se i liquidi non vengono mescolati insieme. Versare la limonata sul ghiaccio tritato, quindi aggiungere il vino rosso.

b)   Guarnire con un rametto di menta e una ciliegia. Buono per le giornate calde.

27. Zabaione al vino

Resa: 20 porzioni

Ingrediente

- 4.00 Albumi d'uovo
- 1 Quinto vino bianco secco
- $\frac{1}{2}$ tazza di succo di limone fresco
- 1,00 cucchiaio   Scorza di limone; grattugiato

- 1.00 tazza   Miele

- 6.00 tazza   Latte

- 1,00 quarto di gallone britannico metà e metà

- 1.00 Noce moscata; appena grattugiato

a) Montare gli albumi a neve e metterli da parte.
Unisci il vino, il succo di limone, la scorza e il miele
in una grande casseruola. Riscaldare, mescolando,
fino a quando è caldo, quindi aggiungere lentamente
il latte e la panna.

b) Continuate a scaldare e mescolate fino a ottenere
un composto spumoso; togliere dal fuoco.
Incorporare gli albumi e servire in tazze con una
spolverata di noce moscata.

28. Secchiello per vino alla pesca

Ingrediente

- 16 once   Pesche non zuccherate; scongelato

- 1 quarto di gallone britannico   Succo di pesca

- 750 millilitri   Vino bianco secco; = 1 bottiglia

- 12 once   Nettare di albicocche

- 1 tazza   zucchero

a) In un frullatore o in un robot da cucina purea le pesche. In un contenitore, unire le pesche e gli ingredienti rimanenti.

b) Copri e lascia raffreddare per 8 ore o per tutta la notte per consentire ai sapori di amalgamarsi. Conservare in frigorifero. Servire freddo.

DOLCI INFUSI

29. Composta di frutta e vino

Ingrediente

- 4 piccoli Pere

- 1 arancia

- 12 Prugne umide

- A 2,5 cm; (1 pollice) stick; cannella

- 2 Semi di coriandolo

- 1 Chiodo di garofano

- $\frac{1}{4}$ Foglia d'alloro; (opzionale)
- ⅓ Baccello di vaniglia
- 4 cucchiaizucchero semolato
- 1 tazza e mezza Buon vino rosso

a) Pelare le pere, lavare e tagliare l'arancia a fette di $\frac{1}{2}$ cm ($\frac{1}{4}$ in).

b) Mettere delicatamente le pere, con il gambo, in una casseruola. Mettere le prugne tra le pere e aggiungere la cannella, i semi di coriandolo, i chiodi di garofano, la foglia di alloro, la vaniglia e lo zucchero semolato.

c) Guarnire con fettine d'arancia e aggiungere il vino. Se necessario aggiungere acqua in modo che ci sia abbastanza liquido per coprire la frutta.

d) Portare a ebollizione, abbassare a fuoco lento e cuocere le pere per 25-30 minuti finché non saranno morbide. Lasciar raffreddare la frutta in un liquido.

e) Rimuovere le spezie e servire frutta e liquido da un bel piatto da portata.

30. Tartufi al cioccolato

ingredienti

- 1 busta da 10 once di gocce di cioccolato semidolce
- 1/2 tazza di panna da montare pesante
- 1 cucchiaio di burro non salato
- 2 cucchiai di vino rosso
- 1 cucchiaino di estratto di vaniglia
- Guarnizioni: mandorle affumicate tritate, cacao in polvere, cioccolato fuso e sale marino

Indicazioni:

a) Trita il cioccolato: sia che tu stia usando un blocco di cioccolato o gocce di cioccolato, vorrai tritarli per farli sciogliere più facilmente. Vedere le note per la risoluzione dei problemi. Mettere il cioccolato tritato in una grande ciotola di acciaio inossidabile o di vetro.

b) Riscaldare la panna e il burro: scaldare la panna e il burro in una piccola casseruola a fuoco medio, fino a quando non inizia a bollire.

c) Unire la panna al cioccolato: non appena il liquido inizia a bollire versatelo subito nella ciotola sopra il cioccolato.

d) Aggiungere altri liquidi: aggiungere la vaniglia e il vino e mescolare fino a che liscio.

e) Refrigerare / Raffreddare: coprire la ciotola con pellicola trasparente e trasferire in frigorifero per circa un'ora (o nel congelatore per 30 min-1 ora), fino a quando il composto non si sarà rassodato.

f) Roll Truffles: Una volta che i tartufi si sono raffreddati, raccoglierli con una spatola per meloni e arrotolali con le mani. Questo diventerà disordinato!

g) Quindi rivestili con i condimenti desiderati. Adoro le mandorle affumicate tritate, il cacao in polvere e il cioccolato fuso temperato con sale marino.

31. Gelato alle fragole

Ingrediente

- 2 pinte di fragole

- ¼ di tazza di zucchero

- ⅓ tazza di vino rosso secco

- 1 Stecca di cannella intera

- ⅛ cucchiaino di pepe, appena macinato

- 1 pinta di gelato alla vaniglia

- 4 Rametti di menta fresca per guarnire

a) Se le fragole sono piccole, tagliarle a metà; se grande, tagliato in quarti.

b) Unire lo zucchero, il vino rosso e la stecca di cannella in un'ampia padella; cuocere a fuoco medio alto fino a quando lo zucchero non si scioglie, circa 3 minuti. Aggiungere le fragole e il pepe; cuocere fino a quando le bacche si ammorbidiscono leggermente, da 4 a 5 minuti.

c) Togliere dal fuoco, scolare la stecca di cannella e dividere i frutti di bosco e la salsa tra i piatti; servire con gelato alla vaniglia e un rametto di menta, se lo si desidera.

32. Mousse di melone al vino muskat

Ingrediente

- 11 once di polpa di melone; Galia preferiva

- $\frac{1}{2}$ tazza di vino dolce Muskat

- $\frac{1}{2}$ tazza di zucchero

- 1 tazza di panna montata

- $\frac{1}{2}$ tazza di zucchero

- $\frac{1}{2}$ tazza di acqua

- Frutta assortita

- 1 cucchiaio e mezzo di gelatina

- 2 Albumi

- 2 tazze di vino dolce muschiato

- 1 stecca di cannella

- 1 baccello di vaniglia

a) In un frullatore, trasforma la polpa di melone in una purea liscia.

b) Mettere la gelatina e $\frac{1}{2}$ bicchiere di vino Muskat in un pentolino e portare a ebollizione mescolando bene per fare in modo che la gelatina sia completamente sciolta. Aggiungere il composto di gelatina alla purea di melone e mescolare bene. Mettete sopra una ciotola piena di cubetti di ghiaccio.

c) Nel frattempo montate gli albumi, aggiungendo poco alla volta lo zucchero, fino ad ottenere un composto denso. Trasferisci la mousse in una ciotola.

d) Per fare la salsa, mettere lo zucchero e l'acqua in una padella media, portare a ebollizione e cuocere a fuoco basso finché non si addensa e diventa marrone dorato. Aggiungere 2 tazze di vino Muskat, la stecca di cannella, il baccello di vaniglia e una striscia di buccia d'arancia. Bollire.

33. Vino israeliano e torta di noci

Ingrediente

- 8 Uova

- 1 tazza e mezza Zucchero granulare

- $\frac{1}{2}$ cucchiaino sale

- $\frac{1}{4}$ di tazza succo d'arancia

- 1 cucchiaio Buccia d'arancia

- $\frac{1}{4}$ di tazza Vino rosso di Pasqua

- $1\frac{1}{4}$ tazza Pasto di torta di pane azzimo

- 2 cucchiaiFecola di patate

- $\frac{1}{2}$ cucchiaino   Cannella

- ⅓ tazza Mandorle; tritato molto finemente

a) Sbattere gradualmente 1 $\frac{1}{4}$ di tazza di zucchero e sale nella miscela di tuorlo fino a ottenere un composto denso e di colore chiaro. Aggiungere il succo d'arancia, la scorza e il vino; batti ad alta velocità fino a che non sia denso e leggero, circa 3 minuti.

b) Setacciare insieme farina, fecola di patate e cannella; piegare gradualmente nella miscela di arance fino a quando non si sarà amalgamato. Montare gli albumi alla massima velocità finché gli albumi non raggiungono il picco ma non sono asciutti.

c) Incorporare leggermente la meringa nel composto. Incorporare delicatamente le noci nella pastella.

d) Trasformare in una teglia da 10 pollici non ingrassata con il fondo rivestito con carta oleata.

e) Infornate a 325 gradi.

34. Biscotti al vino

Resa: 12 porzioni

Ingrediente

- 1¼ tazza Farina

- 1 pizzico sale

- 3 once   Grasso solido vegetale o animale per
  cucinare; (Oleo)

- 2 once   zucchero

- 1 Uovo

- ¼ di tazza   Sherry; A 1/3 C, o qualsiasi vino

a) Preparate come fareste per i biscotti normali, ovvero: unite gli ingredienti secchi e tagliate a oleo. Unisci l'uovo e lo sherry e mescola per formare un impasto morbido.

b) Pat su una superficie infarinata. Tagliare con lo stampino per biscotti, adagiarlo su una teglia e spolverare con un po 'di zucchero o farina. Cuocere 350, da 8 a 10 minuti.

35. Fonduta di vino di uva spina

Ingrediente

- 1 ½ libbra di uva spina; sormontato e codato

- 4 once   Zucchero semolato (semolato)

- ⅔ bicchiere di vino bianco secco

- 2 cucchiaini di farina di mais (amido di mais)

- 2 cucchiai di panna singola (leggera)

- Brandy scatta

a) Mettere da parte qualche uva spina per la decorazione, quindi passare il resto al setaccio per ottenere una purea.

b) In una pentola per fonduta, mescolare la farina di mais con la panna. Mescolare la purea di uva spina, quindi scaldare fino a ottenere un composto liscio e denso, mescolando spesso.

c) Decorare con l'uva spina riservata e servire con bottoncini di brandy.

36. Torta e budino di vino

Ingrediente

- Amaretti
- 1 pinta di vino
- 3 Tuorlo d'uovo
- 3 Bianco d'uovo
- Pan di Spagna
- Dita della signora
- 1 cucchiaino di amido di mais

- 3 cucchiaini di zucchero

- ½ tazza di noci, tritate

a) Mettere i pezzi di pan di spagna, i savoiardi o una torta simile in una pirofila di terracotta (riempirla per circa ½). Aggiungi qualche amaretto. Riscalda il vino. Mescolare l'amido di mais e lo zucchero e aggiungere lentamente il vino.

b) Sbattere i tuorli delle uova e aggiungerli al composto di vino. Cuocere circa 2 minuti. Versate sopra la torta e lasciate raffreddare. Quando è freddo, coprire con gli albumi montati a neve e spolverare con la polpa di noce tritata.

c) Infornare a 325-F per alcuni minuti fino a doratura. Servire freddo

37. Granita al vino rosso e mirtilli

Ingrediente

- 4 tazze di mirtilli freschi

- 2 tazze di sciroppo di zucchero

- 2 tazze di vino rosso Burgandy o secco

- 4½ tazza di zucchero

- 4 tazze d'acqua

a) Filtrare i mirtilli in una grande casseruola con il setaccio, scartando i solidi. Aggiungere lo sciroppo e il vino, portare a ebollizione il composto, abbassare la fiamma, quindi lasciare cuocere a fuoco lento, scoperto, per 3-4 minuti. versare il composto in un piatto quadrato da 8 pollici, coprire e congelare per almeno 8 ore o fino a quando non si solidifica.

b) Rimuovere la miscela dal congelatore e raschiare l'intera miscela con i rebbi di una forchetta fino a renderla spumosa. Cucchiaio in un contenitore; coprire e congelare fino a un mese.

c) Sciroppo di zucchero di base: unire in una casseruola, mescolando bene. Portare a bollore, cuocere fino a quando lo zucchero non si sarà sciolto.

38. Coupé di melone e mirtillo

Ingrediente

- 1½ tazza di vino bianco secco

- ½ tazza di zucchero

- 1   Baccello di vaniglia; dividere longitudinalmente

- 2 tazza di cubetti di melone; (circa 1/2 melone)

- 2 tazza di cubetti di melata

- 2 tazza   Cubetti di anguria

- 3 tazze di mirtilli freschi

- $\frac{1}{2}$ tazza di menta fresca tritata

a) Unire $\frac{1}{2}$ tazza di vino e zucchero in una piccola casseruola. Raschiare i semi dal baccello di vaniglia; aggiungi il fagiolo. Mescolare a fuoco basso finché lo zucchero non si scioglie e lo sciroppo è caldo, circa 2 minuti. Togliere dal fuoco e lasciare in infusione 30 minuti. Rimuovere il baccello di vaniglia dallo sciroppo.

b) Unisci tutta la frutta in una ciotola grande. Aggiungere la menta e il restante 1 bicchiere di vino allo sciroppo di zucchero. Versare sulla frutta. Coprire e conservare in frigorifero per almeno 2 ore.

c) Versare la frutta e un po 'di sciroppo in grandi calici dal gambo.

39. Torta di lime con crema di vino

Ingrediente

- $1\frac{1}{4}$ tazza di panna da montare fredda

- 6 cucchiai di zucchero

- 2 cucchiai di vino dolce da dessert

- 1 cucchiaio e mezzo di succo di limone fresco

- 1 cucchiaio di noci tritate finemente

- $\frac{1}{4}$ di tazza di zucchero

- $\frac{1}{2}$ cucchiaino di sale

- $\frac{3}{4}$ tazza di burro non salato freddo

- 2 tuorli d'uovo grandi e 4 uova grandi

- $\frac{1}{2}$ tazza di succo di lime fresco e 1 cucchiaio di scorza di lime grattugiata

a) Unire la panna, lo zucchero, il vino e il succo di limone nel boccale e sbattere fino a formare picchi morbidi. Piega con cura le noci.

b) Mescolare farina, zucchero e sale nel processore. Aggiungere il burro; tagliare usando i turni on / off fino a quando la miscela non assomiglia a una farina grossolana. Sbatti i tuorli e l'acqua nella ciotola. Aggiungi al processore; frullare usando i giri on / off fino a formare grumi umidi. Cuocere 20 minuti.

c) Sbattere le uova e lo zucchero nella ciotola fino a renderli leggeri e cremosi. Setacciare la farina nella miscela di uova; frusta per unire. Aggiungi il latticello. Sciogliere il burro con il succo di lime e frullare nel composto di uova. Versare il ripieno in crosta.

40. Involtini di vino pane azzimo

Ingrediente

- 8 Piazze matzoh

- 1 tazza di vino rosso dolce

- 8 once   Cioccolato semidolce

- ½ tazza di latte

- 2 cucchiai di cacao

- 1 tazza di zucchero

- 3 cucchiai di brandy

- 1 cucchiaino di caffè solubile in polvere

- 2 Sticks margarina

a) Sbriciola il pane azzimo e immergilo nel vino. Sciogliere il cioccolato con il latte, il cacao in polvere, lo zucchero, il brandy e il caffè a fuoco bassissimo.

b) Togliete dal fuoco e aggiungete la margarina. Mescola finché non si scioglie.

c) Aggiungi il pane azzimo alla miscela di cioccolato. Dividete il composto in due metà. Modellate ciascuna metà in un lungo rotolo e avvolgetela strettamente in un foglio di alluminio. Mettere in frigorifero per una notte, rimuovere la carta stagnola e affettare.

d) Mettere in carta quattro bicchieri e servire.

41. Moustokouloura

Ingrediente

- 3½ tazza di farina multiuso più una quantità extra per impastare

- 2 cucchiaini di bicarbonato di sodio

- 1 cucchiaio di cannella appena macinata

- 1 cucchiaio di chiodi di garofano appena macinati

- ¼ di tazza di olio d'oliva dolce

- 2 cucchiai di miele

- $\frac{1}{2}$ tazza di sciroppo di mosto di vino greco

- $\frac{1}{2}$ arancia

- 1 tazza di succo d'arancia

a) Setacciare insieme la farina, il bicarbonato di sodio, la cannella e i chiodi di garofano in una grande ciotola, facendo un buco al centro.

b) In una ciotola più piccola sbattere l'olio d'oliva con il miele, i petimezi, la scorza d'arancia grattugiata e $\frac{1}{2}$ succo d'arancia e versare nella fontana. Mescolare insieme per fare un impasto.

c) Girare su una spianatoia infarinata e impastare per circa 10 minuti fino ad ottenere un impasto liscio ma non compatto.

d) Rompere pezzi di pasta, circa 2 cucchiai ciascuno, e arrotolarli in serpenti di circa $\frac{1}{2}$ pollice di diametro.

e) Cuocere in forno preriscaldato a 375 F per 10-15 minuti, finché non saranno marroni e croccanti, ma non troppo duri.

42. Wafer all'arancia

Ingrediente

- 2 ½ cucchiaio   scorza d'arancia

- 2 tazze di pasta sfoglia o farina per tutti gli usi

- ½ cucchiaino di sale

- 1 cucchiaino di lievito in polvere

- 2 cucchiai (1/4 di panetto) di burro o

- Margarina, ammorbidita

- $\frac{1}{2}$ bicchiere di vino bianco

a) Preriscalda il forno a 350 ~ F.

b) Per preparare la scorza grattugiare leggermente la buccia esterna delle arance contro la grata fine di una grattugia.

c) In una grande ciotola unire la farina, la scorza d'arancia, il sale e il lievito. Tagliate il burro e aggiungete lentamente il vino.

d) Su una superficie infarinata, piegare il terzo sinistro dell'impasto sul terzo centrale. Allo stesso modo, piega il terzo destro sopra il centro.

e) Questa volta stendete la pasta un po 'più sottile, di circa $\frac{1}{8}$ di pollice di spessore.

f) Con un coltello affilato, taglia i quadrati da 2 pollici.

g) Pungere ogni cracker fino in fondo 2 o 3 volte con i rebbi di una forchetta. Cuocere per 15-20 minuti, finché non saranno leggermente dorati.

43. Torta di mandorle all'arancia

Ingrediente

- ½ tazza di burro non salato - (1 panetto); ammorbidito

- 1 tazza di zucchero semolato

- 2 Uova

- 2 cucchiaini di vaniglia

- ½ cucchiaino di estratto di mandorle

- ¼ di tazza di mandorle tritate non sbiancate

- 2 cucchiaini di scorza d'arancia grattugiata

- 1 tazza e mezza Farina per tutti gli usi; più

- 2 cucchiaiFarina per tutti gli usi

- 2 cucchiaini di lievito in polvere

- 1 cucchiaino di sale

- 1 tazza di panna acida

- 1 pinta di lamponi o fragole

- $\frac{1}{2}$ bicchiere di spumante

a) Sbattere il burro e lo zucchero insieme fino a renderli leggeri e spumosi.

b) Aggiungere le uova, la vaniglia, l'estratto di mandorle, le mandorle e la scorza d'arancia; batti a bassa fino a quando combinato. Setacciare farina, lievito in polvere e sale insieme; aggiungere alternativamente al composto di burro con panna acida.

c) Versare la pastella nella padella; toccare leggermente per uniformarlo. Infornate per circa 20 minuti.

d) Lasciate raffreddare per 10 minuti; togliere dalla tortiera o rimuovere i lati dello springform. Cospargere le bacche con lo zucchero, quindi condire con abbastanza spumante per inumidirle bene.

e) Mettere la torta sul piatto, circondare con bacche e succo.

44. Crostata di prugne con creme fraiche

Ingrediente

- 10 Pollici guscio di pasta dolce; fino a 11

- 550 grammi di prugne; lavato

- 2 cucchiai di zucchero semolato

- 125 millilitri di vino Porto

- 1 Baccello di vaniglia tagliato al centro

- $\frac{1}{2}$ pinta di crema

- 1 oncia di farina

- 2 once   zucchero

- 2 Tuorli d'uovo

- 2 Gelatina in foglia; inzuppato

a) Rimuovere i noccioli dalle prugne e tagliarli in quattro. Cuocere la torta di pasta dolce alla cieca e raffreddare.

b) Prepara la crema pasticcera mescolando uovo e zucchero in una ciotola sopra l'acqua calda. Aggiungete un cucchiaio di panna e aggiungete gradualmente la farina. Aggiungere altra panna, mettere in una padella pulita e riscaldare.

c) Posizionare un buon strato di crema pasticcera sulla base della pirofila e livellare con una spatola o un raschietto di plastica.

d) Disporre le prugne sulla sfoglia e infornare per 30-40 minuti.

e) Cuocere a fuoco lento lo zucchero nel vino Porto e aggiungere il baccello di vaniglia, ridurre leggermente il liquido. Aggiungere la gelatina in fogli e raffreddare leggermente. Togliete la crostata e lasciatela raffreddare, versateci sopra la glassa di porto e lasciate in frigo a rassodare. Affettare e servire con creme fraiche.

45. Brownies al vino rosso

INGREDIENTI

- $\frac{3}{4}$ tazza (177 ml) di vino rosso
- $\frac{1}{2}$ tazza (60 g) di mirtilli rossi secchi
- 1 $\frac{1}{4}$ (156 g) di tazza di farina per tutti gli usi
- $\frac{1}{2}$ cucchiaino di sale marino
- $\frac{1}{2}$ tazza (115 g) di burro salato, più un extra per ungere
- 180 g di cioccolato fondente o semidolce
- 3 uova grandi
- 250 g di zucchero
- $\frac{1}{2}$ tazza (41 g) di cacao amaro in polvere

- ½ tazza (63 g) di noci tritate (facoltativo)

Indicazioni:

a) In una piccola ciotola, mescola il vino rosso ei mirtilli rossi e lascia riposare per 30 minuti a un'ora o fino a quando i mirtilli non sembrano carnosi. Puoi scaldare delicatamente il vino ei mirtilli rossi sul fornello o nel microonde per accelerare il processo.

b) Preriscaldare il forno a 350 gradi F. e ungere e infarinare una teglia da 8 x 8 pollici.

c) Mescolare farina e sale marino in una ciotola e mettere da parte.

d) In una ciotola sopra l'acqua bollente, scaldare il burro e il cioccolato fino a quando non si saranno sciolti e mescolati insieme.

e) Togli la ciotola dal fuoco e sbatti le uova una alla volta. (Se la ciotola sembra molto calda, potresti lasciarla raffreddare per circa 5 minuti prima di aggiungere le uova).

46. Panna cotta alla vaniglia

ingredienti

- Crema - 2 tazze
- Zucchero, più 3 cucchiai - 1/4 di tazza
- Baccelli di vaniglia - entrambi divisi a metà, i semi raschiati da uno - 1
- Pasta alla vaniglia - 1/2 cucchiaino
- Olio - 1 cucchiaio
- Gelatina in polvere mescolata con 90 ml di acqua fredda - 2 cucchiaini
- Fragole cotte - 125 g
- Vino rosso - 1/2 tazza

Indicazioni:

a) Riscaldare delicatamente la panna e 1/2 tazza di zucchero in una pentola fino a quando tutto lo zucchero non si sarà sciolto. Togliere dal fuoco e incorporare l'estratto di vaniglia e 1 baccello di vaniglia insieme ai semi raschiati.

b) Cospargere la gelatina sull'acqua fredda in una grande ciotola e unire delicatamente.

c) Versare la panna calda sulla gelatina e mescolare bene fino a quando la gelatina non si sarà sciolta. Filtrare il composto al setaccio.

d) Dividere il composto tra le ciotole unte e conservare in frigorifero fino a quando non si solidifica. Ciò richiederà solitamente fino a 3 ore.

e) In una pentola scaldate il vino rosso, 6 cucchiai di zucchero e la bacca di vaniglia rimasta fino a ebollizione.

f) Sciacquare, mondare e affettare le fragole e unirle allo sciroppo, quindi versare la panna cotta liberata.

47. Crostata di vino

Ingrediente

- 140 g di farina 00 (5 oz)

- 1 cucchiaino di lievito in polvere

- 60 grammi di burro non salato (2 1/4 oz)

- 1 pizzico di sale

- 120 g di zucchero semolato (4 oz)

- 1 cucchiaino di cannella in polvere

- 10 grammi   Farina 00 (1/4 oz)

- $\frac{1}{2}$ cucchiaino di zucchero

- 3 cucchiai di latte

- 100 millilitri   Buon vino bianco secco

- 15 grammi   Burro (circa 1/2 oz)

a) Pasta: mettere insieme la farina, il lievito e il burro ammorbidito in una ciotola capiente. Aggiungere il sale e lo zucchero. Aggiungi il latte.

b) Facilita la pasta nella base della teglia.

c) Mescolare lo zucchero, la cannella e la farina insieme. Spargi questa miscela su tutto il fondo della torta. Versare il vino sulla miscela di zucchero e mescolarla con la punta delle dita.

d) Cuocere la crostata sul fondo del forno preriscaldato per 15 ... 20 minuti.

e) Lasciar raffreddare la crostata prima di estrarla dallo stampo.

48. zabaione

Ingrediente

- 6 Tuorli d'uovo

- ½ tazza   zucchero

- ⅓ tazza   Vino bianco medio

a)   Sbattere i tuorli d'uovo con lo sbattitore elettrico
     a bagnomaria fino a renderli spumosi. Incorporare
     gradualmente lo zucchero. Versare appena
     abbastanza acqua calda sul fondo della doppia

caldaia in modo che la parte superiore non tocchi l'acqua.

b) Cuocere i tuorli d'uovo a fuoco medio; mescolare lentamente il vino, sbattendo ad alta velocità fino a che liscio, pallido e abbastanza denso da stare in mucchi morbidi.

c) Servire subito in calici bassi.

49. Frutti invernali al vino rosso

Ingrediente

- 1 Limone

- 500 millilitri   vino rosso

- 450 grammi di zucchero semolato

- 1 Baccello di vaniglia; dimezzato

- 3 Foglie di alloro

- 1 Bastoncino di cannella

- 12 Pepe nero in grani

- 4 piccoli Pere

- 12 Prugne secche senza ammollo

- 12 Albicocche senza ammollo

a) Preparate una striscia di scorza di limone e tagliate a metà il limone. Mettere la scorza di limone, lo zucchero, il vino, il baccello di vaniglia, le foglie di alloro e le spezie in una padella larga non reattiva e far bollire mescolando.

b) Pelare le pere e strofinare con la faccia tagliata del limone per fermare lo scolorimento. Riportare a ebollizione lo sciroppo di vino rosso, abbassare il fuoco a fuoco lento e aggiungere le pere.

c) Aggiungere le prugne e le albicocche alle pere. Riposizionare il coperchio e lasciare raffreddare completamente prima di conservare in frigorifero per tutta la notte.

50. Torta al tè al limone

Ingrediente

- ½ tazza di vino rosso secco

- 3 cucchiai di succo di limone fresco

- 1 cucchiaio e mezzo di amido di mais

- 1 tazza di mirtilli freschi

- Un pizzico di cannella e noce moscata in polvere

- ½ tazza di burro non salato; temperatura ambiente

- 1 tazza di zucchero

- 3 grandi Uova

- 2 cucchiaiBuccia di limone grattugiata

- 2 cucchiai di succo di limone fresco

- 1 cucchiaino di estratto di vaniglia

- 1$\frac{1}{2}$ tazza di farina setacciata

- $\frac{1}{2}$ cucchiaino di lievito in polvere e $\frac{1}{4}$ di bicarbonato di sodio

- $\frac{1}{4}$ di cucchiaino di sale

- $\frac{1}{2}$ tazza di panna acida

a) Mescolare acqua, zucchero, vino rosso secco, succo di limone fresco e amido di mais in una casseruola media.

b) Aggiungi i mirtilli. Far bollire fino a quando la salsa si addensa abbastanza da ricoprire il retro del cucchiaio, mescolando continuamente, per circa 5 minuti.

c) Sbattere il burro e lo zucchero in una ciotola grande fino a renderli spumosi. Incorporare le uova, una alla volta. Montare la scorza di limone grattugiata, il succo di limone e l'estratto di vaniglia. Setacciare la farina della torta, il lievito, il bicarbonato di sodio e il sale in una ciotola media.

d) Versare la pastella nella teglia preparata. Cuocere e poi raffreddare la torta sulla griglia per 10 minuti.

CONCLUSIONE

I creatori di ricette moderne passano molto tempo a pubblicizzare infusi fatti in casa, tinture e piatti a base di vino. E per una buona ragione: sciroppi e liquori personalizzati consentono alle barrette di creare cocktail d'autore che non possono essere sempre replicati. Per i gestori di bar e i proprietari che cercano di trarre il massimo dai margini operativi ridotti, è più economico realizzare qualcosa di "su misura" con gli ingredienti avanzati della cucina di un ristorante, piuttosto che pagare per offerte commerciali premade.

La maggior parte degli ingredienti può essere utilizzata per infondere il vino. Tuttavia, gli ingredienti che hanno un contenuto di acqua naturale, come la frutta fresca, tendono ad avere prestazioni migliori.

Tuttavia, la scelta è tua e la sperimentazione fa parte del divertimento. Qualunque cosa tu provi, i risultati saranno piacevoli!

Lightning Source UK Ltd.
Milton Keynes UK
UKHW020816170621
385664UK00001B/114

9 781802 886955